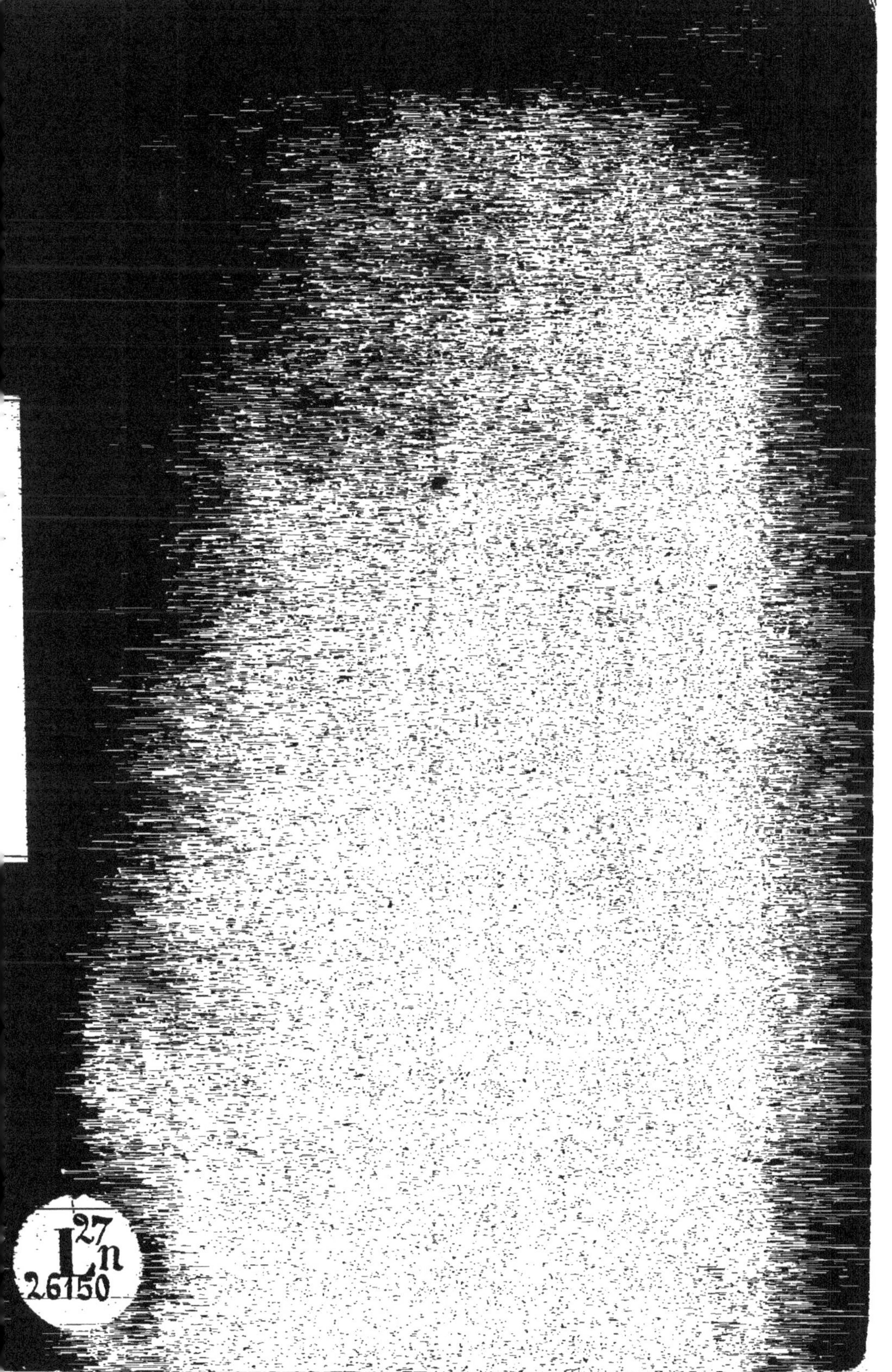

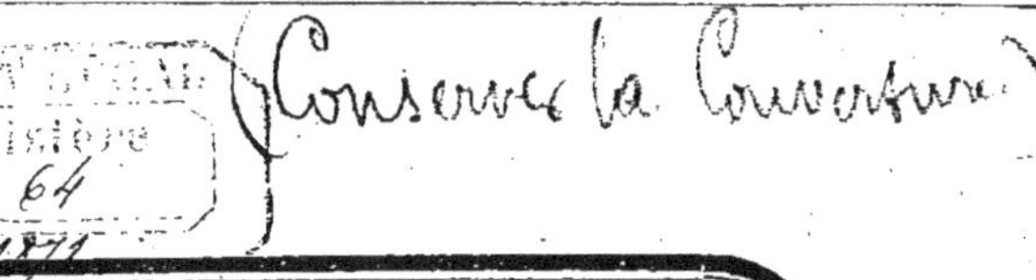

ESQUISSE

BIOGRAPHIQUE

DU

COLONEL LE MOING.

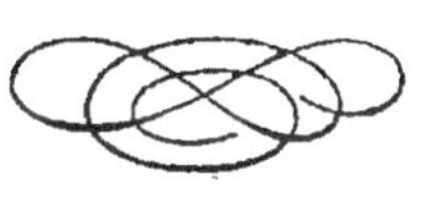

MORLAIX,

Imprimerie d'A. Lédan, aîné.

ESQUISSE BIOGRAPHIQUE

DU

COLONEL LE MOING,

Mortellement frappé aux portes de Paris,

Le 20 Mai 1871.

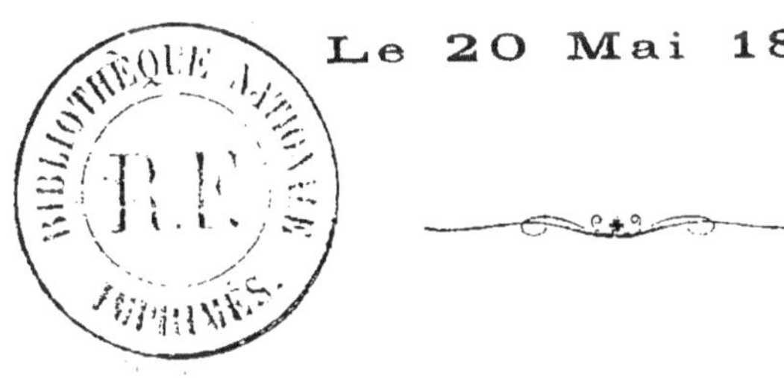

Parmi les officiers qui tenaient garnison à Morlaix en 1826 on en remarquait un de grande taille, de belle prestance, ayant des traits réguliers, une chevelure noire, un visage bruni par le soleil. Son accueil cordial et un air de loyauté que les rapports ultérieurs ne venaient pas démentir, prévenaient en sa faveur et lui faisaient des amis. Cet officier était le capitaine Le Moing, né dans le Morbihan et appartenant à cette race forte, guerrière, dévouée à la royauté, qui avait fait dans les forêts de la Bretagne ces guerres de la chouannerie dont Georges Cadoudal était le héros légendaire.

Lui-même élevé dans les idées de fidélité à la cause royale, alors que ses études se terminaient au collége de Vannes, vint avec les jeunes étudiants les plus vigoureux et les plus âgés de cet établissement rejoindre les bandes royalistes qui s'étaient réunies sous les ordres de Cadoudal en 1815 pour la défense de leurs principes. Monsieur Le Moing fut attaché à Cadoudal en qualité de lieutenant remplissant les fonctions d'officier d'ordonnance, et se distingua en cette qualité au combat d'Auray où l'on attaqua vigoureusement les troupes régulières du général Bigarré, arrivé de Rennes pour écraser l'insurrection.

A la paix, le jeune officier fut confirmé dans son grade ; il appartint à la légion du Morbihan qui eut pour colonel son ancien chef de Cadoudal, légion qui prit plus tard le nom de 48ᵉ de ligne.

Au temps où Monsieur Le Moing arrivait à Morlaix, on y remarquait une Demoiselle dont la grande taille et le beau physique attirait les yeux. Mademoiselle Camille de Trobriant ne brillait pas seulement par la finesse de ses traits et sa chevelure blonde tombant en longues boucles sur des joues d'une grande fraîcheur, son amabilité, ses frais de conversation, un cœur d'une bonté à toute épreuve lui attiraient des admirateurs et lui faisaient des amis dévoués. Privée de ses parents, elle habitait dans une rue montante chez une vieille tante presqu'aveugle, mais à côté de la vieille tante vivait un oncle d'un caractère sec et rigide, avocat distingué comme jurisconsulte qui surveillait mieux que sa parente l'inexpérience de la jeune nièce, et lui donnait des conseils qui valaient bien ses savantes consultations. Les charmes de Mademoiselle Camille avaient captivé le cœur d'un parent éloigné, grand et beau jeune homme qui avait servi avec honneur pendant quelques années. Elle parut partager cette inclination, mais des raisons de fortune ayant fait, dit-on, reculer ce parent, cette déception la décida à accepter la main du capitaine Le Moing, qui était au nombre de ses admirateurs et la demanda en mariage en 1827.

En épousant un militaire, elle n'ignorait pas qu'elle allait se vouer à une vie de fatigues, de déplacements, d'ennuis et d'épreuves. Mais pouvait-elle être arrêtée par ces considé-rations, elle nièce des deux généraux de Trobriant, et parente de plusieurs officiers qui portaient avec honneur l'épaulette ?

Devenue mère à Bordeaux en 1828, d'un garçon à qui ses parents donnèrent le nom de Louis–Camille, elle put dès lors éprouver par expérience combien la vie militaire, vie de changements continuels et d'abnégation de tous les instants, rend difficile l'éducation d'un enfant dont le berceau s'est trouvé posé sur une grande route. La destinée de ce pauvre jeune Camille fut donc d'errer dès sa première enfannce de Bordeaux en Bretagne, de Provence dans les Basses-Pyrénées où il retrouve sa marraine Madame Grivet qui l'avait tenu avec Monsieur de La Moissonière, depuis intendant, sur les fonds baptismaux. Ce fut chez cette marraine qu'il perdit sa mère. Elle succomba à une maladie d'épuisement et fut inhu-mée dans le parc de son amie Madame Grivet qui envoya pour le jour de ses noces à son filleul une violette cueillie sur la tombe de sa mère.

Revenons pour un instant sur la première période de l'enfance du jeune Camille. Voyez–vous cette petite tête d'ange bien blonde, cette figure épanouie, ces yeux pétillants de vivacité, éclairant un visage dont tous les traits apparaissent réguliers. Voilà pour la physionomie ; — le côté moral, comme l'exprimaient les yeux, est plein de vivacité, sa vo-lonté très-déterminée annonce de bonne heure l'enfant qui plus tard sera homme d'action et d'initiative. A mesure qu'il grandit, il domine de sa petite taille ses camarades de jeux, les jeunes Grivet fils de sa marraine, qui devaient tous deux le retrouver à l'École Militaire, il les fait marcher droit, toujours il dirige, et, il pose en maître. A Aix, ou au château d'Albertas il laisse aussi le souvenir d'une nature pétulante. Sa mère souvent appelée à maitriser ce caractère qui échappait à chaque instant à la règle, avait chaque jour à recom-mencer ses leçons, à appliquer des punitions plus ou moins sévères ; tout était à recommencer le lendemain , la nature reprenait toujours le dessus. Une fois par exemple, il met un grand baquet sur un cours d'eau , et s'y embarque, le marin improvisé allait débuter dans la navigation par une noyade, on arrive à temps pour le sauver, on le fouette, mais on ne parvient pas à corriger ses goûts téméraires.

II.

Il avait à peine huit ans lorsqu'il devint orphelin , quand il fut privé des leçons d'une mère qui doivent à cet âge laisser une si forte empreinte pour le reste de la vie.... Le capitaine Le Moing, tout entier à son existence militaire, ne pouvait continuer cette ébauche d'éducation. il renonça donc à diriger les premiers pas de son fils dans le monde et le plaça à l'École de la Flèche ou il songea à en faire un homme bien trempé par la discipline , mais surtout un militaire. Monsieur Le Moing semblait deviner de loin les instincts de Camille, et voulut pour lui d'une profession dans laquelle il s'était acquis honneur et estime, d'ailleurs, cet état était moins hérissé de difficultés et de plus facile abord que beaucoup d'autres carrières. Ce fut donc la Flèche qu'il fut appelé à habiter jusqu'à l'âge de dix-sept ans, ne devant connaître qu'à un temps bien éloigné de là et la vie de famille, et les joies du foyer domestique. A défaut de parents qu'il ne vit que trop rarement, soit à cause de l'éloignement, soit à cause des exigences de l'année scholaire , il vécut au milieu de nombreux camarades dont il sut se faire aimer. Avec un ca- ractère ouvert, envisageant le bon côté des choses, et avec un cœur toujours prêt à obliger, il contracta à cette école, des relations bienveillantes et même affectueuses, qu'il vit souvent renaître quand sur son chemin se retrouvaient des amis d'enfance, et plus particulièrement lorsqu'au terme de sa vie commandant un régiment, il eut sous ses ordres comme chefs de bataillon, deux camarades de bien vieille date, Mes-

sieurs Routier et Molard, avec lesquels il refit l'intimité d'au-
trefois. Après sa mort Monsieur Routier réclamait comme un
souvenir auquel il attachait le plus grand prix, trois photo-
graphies du colonel, l'une pour lui, l'autre pour Monsieur
Molard, la troisième pour la vieille religieuse qui les avait
soigné dans leur enfance à la Flèche. — Si l'esprit de cama-
raderie a de bons côtés, s'il offre des points d'appui dans la
vie, il a aussi ses côtés défectueux dans une école nombreuse.
Vous y trouvez en grand nombre des compagnous de jeux,
mais non pas cet autre point d'appui, ces salutaires conseils
qui vous sauvegardent dans la famille, qui vous prémunissent
contre les mauvais exemples et ces dangers que vous a laissé
ignorer votre inexpérience. Vos maîtres, ces officiers tout
préoccupés de leurs devoirs militaires, ne peuvent conseiller,
ni diriger avec la même sollicitude, avec la même connais-
sance du caractère, qu'aurait apporté un père.

Tel fut l'abandon, l'isolement moral dont eut à souffrir
Camille Le Moing qui d'une nature vive, extérieure, peu
appliquée ne fit dans le courant de ses études que le strict
nécessaire pour échapper aux trop fréquentes punitions. Aussi
dans les premières années qui laissaient peu pressentir l'avenir, ne brilla-t-il pas par ses succès, et l'un de ses camarades
aujourd'hui avantageusement placé dans un ministère, put-il
lui dire un jour : te rappelle-tu que l'un et l'autre rivalisant
de paresse, nous nous disputions avec une égale émulation
la dernière place, et cependant celà ne nous a pas empêché
de faire notre chemin en ce monde.... Ce n'était pas leur
commune paresse que cet ami, depuis si bien casé, voulait
glorifier, il voulait simplement constater que l'un et l'autre
en avaient bien rappellé de ce mal qu'alors on eut pu craindre
de voir devenir incurable.

Les résultats de cette éducation de collége eussent donc été
purement négatifs pour le jeune Camille s'il ne se fut trouvé
sur sa route un de ces maîtres savants et modestes qui savent

appliquer l'attention d'un jeune élève et capter sa confiance. A cette époque le cours d'histoire était professé à la Flèche par un Monsieur *Dujardin* ou *Desjardins*. Son enseignement attirait et faisait aimer cette étude. Il en donna le goût à notre étudiant qui s'y appliqua avec ardeur et sut intéresser à lui cet éminent professeur. Il le dirigea avec affection, le patrona près de ses autres collègues, enfin lui facilita les voies pour le faire arriver après un examen satisfaisant à l'école militaire de Sᵗ-Cyr à l'âge de dix-sept ans, en 1845.

Plein de reconnaissance pour les bontés de ce digne maître, il eut occasion, devenu lieutenant au 26ᵉ de ligne quelques années après, de la lui témoigner à Dijon où il fut en garnison et où il trouva Monsieur Dujardin retiré de l'enseignement et entouré de la considération publique. Quand il fut lui rendre visite, il lui fut demandé : Travaillez-vous en dehors des exercices militaires? Que faîtes-vous? — Je professe; je suis chargé de faire un cours d'histoire aux sous-officiers du 26ᵉ. — C'est bien! c'est très-bien!... et il ajouta en riant : j'irai à mon tour sur les bancs, pour profiter de votre cours d'histoire.... et il vint en effet un jour juger des aptitudes de son ancien élève pour la science qu'il avait enseignée avec une réputation méritée.

Cette période du temps passé à Sᵗ-Cyr n'offre rien de bien particulier à constater dans la vie d'un adolescent préférant toujours les exercices de la vie militaire à une existence plus concentrée; celle du soldat avait pour lui plus de charmes que celle de l'étudiant.

Il ne se serait pas fait l'avocat des trop rudes épreuves imposées aux nouveaux venus, trop connues sous le nom de *Brimades*, mais il ajoutait que dans une certaine mesure *la Brimade* n'avait pas été inutile à bien des jeunes gens dont elle forçait ou les vanités de famille ou les inégalités de caractère à fléchir , et à les faire entrer dans la vie commune de leurs camarades avec un caractère un peu plus assoupli et des prétentions vaniteuses corrigées.

En somme, St-Cyr laissa à Camille Le Moing un assez bon souvenir, et il aimait à rappeler en souriant qu'un jour à l'infirmerie il put distraire un pôt de confiture de groseilles à la vieille et sévère religieuse de St-Vincent-de-Paul à qui l'ont avait donné le sobriquet caractéristique de sœur Dragon.

III.

Le 1er octobre 1847 le temps des études scholaires était passé, et Monsieur Le Moing entrait dans le 26e de ligne avec l'épaulette d'or de sous-lieutenant. Le 23 mai 1850, il était le plus jeune lieutenant de l'armée. Ses premières années militaires s'écoulèrent sous le commandement du colonel Forey depuis maréchal de France qui lui donna à diverses reprises des marques multipliées d'intérêt et de sympathie, et sous celui du baron Fririon avec qui les rapports furent moins tendres. La politique fut l'origine de leurs dissentiments. Le colonel était fort bonapartiste; il voyait avec perspicacité d'où allait souffler le vent. Son subordonné d'une nature fort indépendante et *fils de chouan*, débuta dans la vie politique par voter contre le pouvoir à vie du Prince-Président... de là les colères du colonel, de là les tempêtes!.... en somme les notes étaient satisfaisantes et il ne quitta pas ses chefs en mauvais termes lorsqu'il demanda à entrer en 1853 dans les chasseurs à pied alors regardés comme un corps d'élite dans lequel l'activité et l'esprit d'initiative semblaient avoir un plus libre champ. — En effet le 14e bataillon en formation à Auxonne fut à peine constitué que Monsieur Le Moing dût partir avec son nouveau corps pour l'Afrique où il passa sur cette terre d'incessants combats onze mois pour préluder à cette campagne de Crimée si pleine de péripéties et d'émotions à laquelle il

allait bientôt prendre part. C'était sur ces champs de bataille
baignés par la mer Noire, l'été brûlés par un soleil ardent,
l'hiver recouverts d'un épais manteau de neige glacée qu'il
devait, à proprement parler, commencer sa carrière militante
et apprendre la grande guerre, c'est là aussi que l'homme
va se révéler avec les qualités qui le distingueront plus tard.
Auparavant on n'avait fait qu'entrevoir ces qualités, mais
elles ne pouvaient encore faire parfaitement préjuger l'avenir.
— On avait en effet pu remarquer dans ce grand jeune
homme blond, aux formes élancées, à l'air résolu, l'officier
qui débute en s'affirmant, ne doutant de rien et prêt à résister
à tout empiétement ; en un mot des malintentionnés se seraient
cru en droit de dire : Ne cherche-t-il pas à poser? Mais à
peine à l'œuvre, chacun put voir ses aptitudes apparaître
plus nettement, se mieux dessiner. Ce type s'accusa comme
le type de l'homme franc, loyal, sans arrière-pensées, sûr
dans les relations de chaque jour, et comme militaire, sa
hardiesse, sa bravoure allant jusqu'à la témérité, furent les
qualités qu'on s'attacha à lui reconnaître. Elles ne firent que
se développer jusqu'à la fin d'une carrière abrégée par la
mort la plus enviable.

IV.

Ce fut sur le *Tage* qu'il partit dans le mois d'avril 1855 pour la
Crimée. Dans ce voyage était à bord un prêtre Breton, Monsieur
Lucas, de Morlaix, aumônier de la marine. A Constantinople
où il trouva le temps de visiter un des palais du Sultan, il eut
occasion de rencontrer dans cette résidence impériale les jeunes
enfants du Sultan et de les caresser, au grand scandale des
Musulmans indignés de cette familiarité. Mais pouvaient-ils
trop se plaindre, et se facher trop fort? Nous étions des auxi-
liaires.... A peine à Sébastopol qu'un ordre de départ est intimé
au 14ᵉ bataillon, il va faire partie d'une expédition dirigée par
le général d'Autemarre et le général anglais Brown. En mer, à

bord de l'aviso le *Lucifer*, il apprend qu'ils vont toucher à une terre peu connue en Europe, à Kerch la clef de la mer d'Azof, le pays des Cosaques.

La veille du jour ou l'on devait faire la descente, il écrivait avec enthousiasme du *Lucifer* : demain, à la pointe du jour, nous débarquons. Je commande la première compagnie qui descend à terre, je courrai à l'ennemi, et j'espère bien y gagner une croix de la Légion d'honneur. Rêve de Perrette!.. Au moment où l'on se précipite sur ces bandes d'hommes montés sur leurs petits chevaux, la lance au poing, ils disparaissent et s'évanouissent au loin comme le nuage qui s'efface à l'horizon. Nos chasseurs les premiers et les plus ardents à la poursuite, poussent jusqu'à Ienikalé, petite ville assise sur la mer d'Azof, et défendue par un vieux fort. On y place monsieur Le Moing avec sa compagnie en lui enjoignant de n'y laisser pénétrer personne; on craignait les incendies. A peine installé, un monsieur en noir paraît et vient tout examiner. L'entrée est refusée par le jeune commandant à cet examinateur inconnu qui insiste, se fâche et finit par se nommer. — Je suis le général Brown qui commande avec le général d'Autemarre l'expédition. — C'est possible, je ne vous connais pas, j'ai ordre de ne laisser entrer ici personne, et j'obéirai jusqu'au bout à ma consigne. — Le général partit fort mécontent, mais s'étant calmé, il dit plus tard : cet officier a fait son devoir.

L'expédition de la mer d'Azof terminée, les troupes qui en faisaient partie vinrent reprendre leurs lignes au siége de Sébastopol ou monsieur le Moing passa son temps, tantôt aux tranchées, sous une pluie de fer et de feu, tantôt sur les bords de la Tchernaïa pour y observer une armée russe de secours, qui se répandit un jour comme une lave brûlante des hauteurs où elle se tenait sur la plaine de Tracktir où se livra ce combat furieux qui fut le prélude de notre triomphe. Notre lieutenant de chasseurs était à cette bataille dans la division du général Camou.

Peu après avoir assisté à l'incendie de Sébastopol, il en traversa les ruines pour l'expédition de Kinburn. Le 14e chasseurs se joignit à l'infanterie chargée de l'attaque de terre, tandis qu'une division de notre marine, ayant en tête cinq batteries flottantes couvertes de leurs cuirasses presqu'impénétrables, opérèrent par mer et forcèrent la place à se rendre. Ce fut à Kinburn que monsieur Le Moign apprit qu'il était nommé au 17e chasseurs comme capitaine, et il partit aussitôt pour se rendre à son nouveau corps commandé par M. de Férussac.

V.

Le 17e chasseurs était à ce moment en expédition à Eupatoria. Les Russes observaient cette place dont les Français avaient pris possession. Il fallait les éloigner, c'était un devoir pour la garnison qui pour éviter des surprises sortait quelques fois contre l'ennemi pour le repousser et empêcher les retours offensifs. Souvent le 17e était appelé à faire de ces marches en avant. Qu'on se figure ces pauvres petits chasseurs perdus dans les neiges et dès les premiers jours de janvier, atteints par un froid de trente degrés, à la recherche de ces géants du Nord babitués à braver les frimats les plus rigoureux, ayant la bonne fortune de revenir de leurs courses sans avoir subi trop de pertes. Eh bien! ces expéditions partielles réussirent; l'ennemi fut contenu, et la ville d'Eupatoria préservée.

Les dangers de la guerre ne furent pas les seuls dont l'armée eut à souffrir. Deux autres ennemis aussi redoutables que les Russes, le choléra et le typhus faisaient des hécatombes de victimes et Monsieur Le Moing disait qu'il fallait s'armer de tout son courage et repousser toutes les suggestions de la crainte pour pénétrer avec calme dans ces ambulances sur lesquelles planait la mort, et dont l'air vicié et fétide n'était pas sans influence sur les sujets même valides et bien portants... Prêtres, médecins, officiers, firent leur devoir et ne reculèrent pas devant la contagion. — Enfin la paix fut signée au printemps de 1856, et les divers corps partirent successivement pour regagner le sol natal.

Embarqué à bord de *la Saône*, les idées de patrie et de famille souriaient à ce jeune capitaine qui pendant un an avait traversé tant de dangers sur la terre étrangère.

Monsieur Le Moing avait souvent rêvé à la vie de famille et il ne l'avait entrevue qu'à de courts intervalles, il n'avait guère vécu que de la vie de garnison et n'avait habité avec son père qui s'était retiré du service comme officier supérieur, qu'aux courts intervalles de congés rapidement écoulés. D'ailleurs cet homme honorable vivait seul à Morlaix et sans autres liaisons journalières que celles de quelques vieux officiers ayant parcouru la même carrière. Il y mourut dans un âge assez peu avancé.

Dans l'un de ses voyages en Bretagne Monsieur Le Moing pensant au bonheur en mariage, jeta ses vues sur l'aînée des demoiselles de Miollis. Mais à ce moment il n'y eut rien de résolu. Etant revenu plus tard près de son père mourant, lorsqu'il lui eut fermé les yeux, il chargea un ami de demander à Monsieur de Miollis sa fille pour épouse. On ne put répondre à cette requête par un acquiescement immédiat. Monsieur Le Moing n'avait à cette époque que vingt-quatre ans, la jeune fille n'en avait que dix-huit, il fut résolu qu'elle attendrait ses vingt-et-un ans, qu'elle déciderait alors elle-même de son avenir; on voulait de plus que le futur époux eut le grade de capitaine pour qu'une position dans le monde lui fut acquise. Ce fut une longue épreuve pour la persévérance des deux futurs, il fallut attendre quatre ans, c'est-à-dire à la fin de la guerre de Crimée.

Le mariage fut célébré le 21 octobre 1856, et le capitaine, eut à la suite, six mois de congé pour s'initier à la vie d'intérieur, et contracter les goûts du foyer domestique. Qu'allait-il en être de ce noviciat pour un homme plein de jeunesse et de vivacité, qui n'avait connu qu'une vie agitée très en rapport avec son caractère, avec une ardente imagination, aimant l'action, et faisant mille rêves heureux pour l'avenir? Cette vie d'intérieur pas trop concentrée, pas trop recueillie, il l'adopta sans répugnance, il en prit l'habitude, et cette habitude fortifia chez lui le lien de famille qui lui donna ces éléments de bonheur, conséquence d'une union bien assortie. Il a souvent parlé de ce bonheur jusqu'à ses derniers jours. Qui plus est, cette vie nouvelle, le modifia profondément. Expliquons-nous sur cette transformation. Dans les deux écoles militaires où s'é-taient passées, et sa jeunesse et son adolescence, à la Flèche, à St-Cyr, ce n'était pas la religion qui faisait la base de l'é-ducation. Ces bases lui avaient à peu près manqué, les prin-cipes de la foi chrétienne n'étaient restés que comme un souvenir lointain et à demi effacé; pas de croyances positives, seulement dans l'esprit du capitaine un respect latent et un peu vague pour la foi de ses pères et un peu de sentimenta-lisme religieux. Tout était donc à refaire. L'influence de la famille dans laquelle il entra ne fut peut-être pas étrangère à cette seconde éducation. Il y trouva des croyances mises à l'état de pratique, et des livres qui pouvaient l'y initier, Dieu aidant. Il les lut avec attention et cet esprit de sincérité qui appelle la lumière. Dèsqu'il la vit il revint sans hésiter à cette pratique des devoirs du chrétien qui fut souvent l'aide et la consolation d'une existence éprouvée par les événements.

Comme homme du monde il avait aussi à acquérir et à per-fectionner. La vie des camps n'est pas fort propre à polir et à donner des formes parachevées. Monsieur Le Moing avec de l'aisance et un vernis extérieur d'éducation assez brillant, avait, nous l'avons vu, assez peu vécu jusqu'alors dans la famille; sa jeunesse s'était passée dans une vie de camarade-rie assez peu propre à former un jeune homme. Le jeune officier ne sait pas assez se contraindre, n'aime pas la gène, ignore beaucoup des exigences de la bonne éducation ; on trouve plus commode de ne pas s'y soumettre, on aura été quelque fois au bal, on aura eu un léger succès dans le monde, on en aura été heureux, on croira que cela suffit ; mais tout cela ne fait pas l'homme de salon accompli. Monsieur Le Moing qui avait accepté avec plaisir les obligations de la vie de famille, contracta aussi tous les goûts de l'homme bien élevé, il n'aimait que la bonne société, la rechercha constamment, et sut s'y faire sa place tout en conservant son cachet spécial de grande sincérité et d'extrême franchise, n'ayant rien de l'art du diplomate, mais frappant droit au but. Cette ouverture de caractère et de cœur, lui a valu dans sa carrière de bonnes relations, et de solides amitiés.

Comme complément d'une éducation achevée, il faut une instruction qui ne soit pas trop superficielle ; il le comprit parfaitement, et sans penser à devenir un érudit, il s'appliqua à l'étude d'une manière plus approfondie, particulièrement à celle de l'histoire et de la philosophie religieuse, tout en se tenant au courant des progrès de la science. Il ne négligea pas non plus les connaissances se rapportant aux études militaires, et surtout à l'administration de l'armée ; en voici le motif. Il avait pensé à une vie plus agréable pour sa jeune femme que celle si agitée, si remuée des garnisons, cette vie où à chaque instant on est atteint par les déplacements et où des relations à peine nouées sont tout-à-coup brisées. Dans ce but il s'arrêta quelque temps à la pensée d'entrer dans l'intendance ; il se mit à un travail préparatoire, mais pas assez complet, parce qu'il était trop souvent interrompu, aussi ce projet n'aboutit-il pas. Il fut détourné de cette voie le jour où ses bons services l'appelèrent à la position d'adjudant-major au 17me chasseurs, poste convoité par un de ses camarades Monsieur Bressoles, depuis général en chef du 24me corps d'armée dans la dernière guerre. Ces nouvelles fonctions allaient beaucoup mieux à sa nature active que celles qui, le clouant des journées entières à un bureau l'eussent rendu fort malheureux ; il eut bientôt pris horreur de l'immobilité à laquelle il eut été condamné.

Madame Le Moing venue à Paris pour y rejoindre son mari, après y avoir fait un séjour de près d'un an revint en Bretagne pour y donner le jour à un premier enfant. Un mois de congé fut accordé à son mari pour jouir des émotions de la paternité, mais douze jours après la délivrance de sa femme, il fallut repartir. Il y avait à ce moment des bruits de guerre dans l'air. Quelques jours après, Monsieur Le Moing en sortant de Notre-Dame où il suivait le soir pendant la semaine sainte les prédications du P. Félix dans le voisinage du Vicomte de Walsch, apprend qu'il doit se préparer à un départ instentané pour l'Italie ou le 17me bataillon de chasseurs est appellé à être à l'avant-garde de l'armée qui va faire la guerre à l'Autriche.

VI.

Après une visite à Notre-Dame-des-Victoires, et s'être mis sous la protection de Marie, le capitaine monte en wagon pour ne poser que quelques instants à Toulon où il ne fait qu'entrevoir la famille du Comte d'Estienne ses excellents parents, et embarqué sur la *Bretagne*, il touche bientôt à la côte de Gènes, on allait vite. A Alexandrie se forme d'une manière incomplète la division Forey. Les premières troupes arrivées, cette avant-garde marche rapidement à la recherche de l'ennemi et à peine forte de cinq mille hommes attaque à Monte-Bello, un corps de vingt-et-un mille Autrichiens qu'elle force à se mettre en retraite. Le général Beuret y laissa la vie. Le capitaine Le Moing près du général Forey et témoin de sa vaillance, pénètre avec lui et quelques hommes audacieux bientôt rejoints par les troupes, dans un cimetière où s'étaient retranchés huit cents Autrichiens. Ceux-ci prirent la fuite et Monsieur Le Moing reçut la décoration le lendemain sur ce champ ensanglanté de Montebello. Il sortit de cette brillante affaire sans blessures ; ses vêtements et son sabre portèrent seuls les marques du passage de trois balles. Il fut aussi heureux au combat de Melignano et à Solferino, où seule, sa nouvelle croix fut brisée par un projectile. Cette brillante et rapide campagne ne lui aurait laissé qu'un bon souvenir s'il n'avait pas eu la douleur d'y rencontrer son cousin le lieutenant-colonel De Bellefonds, atteint d'une blessure à la cuisse qui amena sa fin au bout d'un mois. En effet il y avait fait son devoir d'une manière assez brillante pour que le général Dieu eut dit un jour : que la campagne dure encore six semaines et le général Forey m'a assuré que le capitaine Le Moing serait officier supérieur. Le général Forey lorsqu'il en avait l'occasion, donnait au capitaine des marques constantes de sa bienveillante attention. L'ayant aperçu au moment où il allait escalader les pentes arducs du Mont-Cenis, pour lui en diminuer les fatigues il le fit monter dans sa voiture où ils passèrent plusieurs heures ensemble.

Cet avenir brillant que ses chefs faisaient augurer au jeune capitaine s'arrêta court, et à partir de ce moment, (dès juillet 1859, jusqu'en octobre 1869), pour lui il y eut un point d'arrêt fixe et constant; un mauvais sort sembla peser sur ses destinées et immobiliser sa carrière. Et cependant les bonnes notes ne lui firent pas défaut, sept fois il fut question de lui aux inspections générales pour l'avancement, et l'insurmontable barrière ne s'abaissa qu'au jour où agréé par le comité des maréchaux, il lui fut donné de passer un examen qui le fit parvenir par la voie du concours au majorat.

Si ces alternatives d'espérances suivies d'amères déceptions lui donnaient des heures d'irritation, elles ne furent jamais de longue durée, son heureux naturel reprenait le dessus; il se rattachait avec force aux bons côtés de sa position présente, se livrant toujours aux espérances d'un meilleur avenir. C'est ainsi qu'il traversa une assez longue période de temps, cultivant de bonnes et agréables relations à Arras, à Toulouse, mais surtout à Rennes où il retrouva, avec des amis dévoués, d'excellents parents appartenant à sa famille maternelle, qui le mirent en rapport avec une société choisie. Le cercle breton composé des notabilités légitimistes du pays l'admit dans son sein, et il s'y créa de bons amis, mais ses relations les plus douces, les plus journalières, les plus intimes étaient celles qu'il avait avec ses parents de Cintré, et la famille de Gombert. Chez Madame de Gombert il avait retrouvé une amie d'enfance du château d'Albertas près d'Aix, et chez Monsieur, un de ces cœurs dévoués, si dévoués en amitié qu'il est impossible d'en trouver de meilleur.

Mais à cette époque et dans une ville où les opinions de la société n'étaient pas celles du gouvernement, on surveillait, dit-on, celles des officiers de l'armée. Un jour le bruit courut à Rennes que Monsieur Le Moing avait été dénoncé par le commandant de la gendarmerie comme hostile à l'empereur. On ajoutait : sa trop grande franchise pourra lui jouer quelques mauvais tours. — Ce bruit n'était pas exact. Le commandant de gendarmerie était un honnête homme qui souffrit beaucoup du rôle qu'on lui prêtait.

Il quitta Rennes au printemps de 1869 pour aller au camp de Châlons, et le camp levé, il retourna en congé en Bretagne pour rejoindre chez son beau père femme et enfants. Ces réunions de famille étaient son grand bonheur. Ce fut là que le courrier du 15 octobre vint à sa grande joie lui annoncer qu'il sortait de ce grade de capitaine où il s'éternisait. Il était nommé major au 13ᵐᵉ de ligne à Romans. Romans qu'il ne connaissait pas, laissait un seul souvenir à Monsieur Le Moing, c'était la dernière garnison de son père ; ce fut aussi par un triste rapprochement la dernière pour lui. Mais avec Rennes, combien celle-ci devait laisser de douces réminiscences à la famille Le Moing ! Quels cœurs d'élite elle y a trouvé ! il faudrait citer ici bien des noms, parmi lesquels se graveront en signes ineffaçables les noms de Pélissière et de la Barrère chez lesquels elle a trouvé des trésors de bonté ; puis les noms des Ponthual, des Nugues, de Mademoiselle de Pina, de Monsieur du Port-Roux, etc., etc., ont contribué aussi aux regrets de l'éloignement. Ils rappellent des jours heureux, trop rapidement écoulés, suivis de peines vives et cuisantes.

Abordons cette triste phase de la vie de Monsieur Le Moing ; et ici nous allons plus élargir notre cadre, pour mieux faire connaître la valeur de l'homme que l'armée et le pays ont perdu.

VII.

Le 15 juillet 1870, la guerre est annoncé. Monsieur Le Moing se met à l'œuvre et avec l'activité qui le caractérise, envoie sept à huit cents homme au 13me à Metz pour renforcer ce régiment ; ensuite, sans désemparer, forme avec le concours du commandant Drapeau un 4me bataillon qui a Paris pour destination. Il attendait les événements, lorsqu'un jour il apprend qu'un successeur lui est donné, qu'il est appelé à un service actif. Il est donc obligé une fois de plus de ployer sa tente. Sa femme et lui se disposent avec d'amers regrets à quitter Romans. Abandonner de si douces, de si affectueuses relations de chaque jour fut pour eux un sacrifice qui leur serra cruellement le cœur ; le bonheur n'est pas de ce monde.

Après avoir fait traverser à sa femme et à son fils Lyon dans un jour d'insurrection où l'on voulait emprisonner le général Mazure, et le préfet (depuis si rouge,) Monsieur Chalamel La Cour, il commença lui-même la vie nomade et avantureuse dont nous allons raconter les diverses péripéties. Elles rappelleront les désordres et les malheurs du pays, comme les siens propres.

Le journal officiel du 23 septembre avait annoncé à Monsieur Le Moing qu'il était nommé chef de bataillon au 3me zouaves. Où se trouvait-il ce 3me zouaves à la suite de nos désastres, et des pertes qu'il avait subi? on ne put le lui dire à la division à Lyon. Ce fut quelques jours après qu'il apprit qu'il se reformait à Montpellier, et quand il arriva avec son domestique et son cheval pour y prendre sa place, il la trouva donnée à un autre. Indigné, ne comprenant rien à ce désordre, il part immédiatement pour Tours afin de savoir ce que le Gouvernement demande de lui. Il fut reçu avec grande courtoisie par Monsieur Crémieux. Le ministère de la guerre était à ce moment aux mains de ce Juif qui le paya de belles paroles, et l'envoya à Antibes avec les mêmes fonctions au 1er zouaves de marche.

Après avoir retrouvé à Montpellier domestique et cheval, il arrive à Antibes, où il a le triste spectacle d'un camp de volontaires au nombre de 4,000 qui ont le nom de zouaves, mais qui réunis comme un troupeau désagrégé, n'avaient ni officiers, ni uniformes, ni fournitures d'aucun genre. Tout était à créer. Il ne s'abandonna pas, commença par renvoyer les incapables chez eux, puis dirigea six ou sept cents hommes sur des régiments de ligne, et se réserva ce qu'il y avait de mieux, (deux mille deux cents hommes) pour la formation de deux bataillons. Aidé de l'intervention du général Bressoles, son ancien camarade, il fit des réquisitions pour l'équipement de ses hommes dans les villes voisines, à Nice, en particulier, où il retrouva la famille d'Estienne qu'il n'avait pas vue depuis la campagne d'Italie.

Son œuvre achevée, il remit l'un de ces bataillons au commandant Le Tellier, et lui-même prit quelques jours après avec le second la direction de l'armée de la Loire par la voie de Marseille où devait lui arriver une singulière petite aventure. Au débarqué le chef de garc lui annonce que la ville vient de proclamer la commune, que c'est le général Cluseret qui est à la tête de ce mouvement, qu'il a l'intention d'enlever le bataillon de zouaves en passage pour en faire le noyau de l'armée du Midi, et de traiter en prisonnier l'officier qui en a le commandement. Qu'il y vienne, et nous verrons répondit avec résolution le commandant, qui prévint ses officiers de se tenir sur leurs gardes, et prit quelques précautions d'urgence. Son projet était, s'il était attaqué, de tacher de s'emparer de Cluseret et de le conduire comme prisonnier au gouvernement de Tours. On remarqua les mesures de résistance que prenait Monsieur Le Moing et on le laissa repartir sans mot dire.

VIII.

Deux jours après il s'était réuni à son régiment, et le 10 octobre il traversa Orléans, prenant part à la fin de la bataille de Coulmiers à la poursuite de l'ennemi jusqu'à Chevilly. Là s'arrêta l'avant-garde à cinq kilomètres des Prussiens. Pendant quinze jours ce fut le lieu du campement des zouaves. L'état-major reçut l'hospitalité du comte de Parceval, au château de Chevilly, et eut à se louer de sa courtoisie.

Une scène lugubre vint quelques jours après attrister le châtelain. À ce moment on s'appliquait à rétablir la discipline de l'armée mise en oubli, plus particulièrement depuis les derniers échecs de la France. Un paysan vint porter plainte au colonel. Deux zouaves en maraude avaient volé sa montre, il venait la réclamer. — Les auteurs du vol sont reconnus, passent le jour même devant un conseil de guerre et sont condamnés à mort. M. de Parceval affecté du sort qui attend ces malheureux, demande au colonel la permission de visiter les condamnés dans leur prison pour leur apporter les dernières consolations. Sa requête est entendue et c'est Monsieur Le Moing qui devra l'accompagner dans cet acte pénible de miséricorde. L'émotion fut vive pour les deux visiteurs aussi bien que pour les deux prisonniers. Le noble comte leur parla avec onction le langage de la foi et les disposa par les paroles les plus touchantes au sacrifice. Le lendemain ils tombèrent sous les balles dans la prairie voisine.

M. de Parceval put assister le dimanche suivant à un spectacle plus consolant sur l'esplanade de son château. Monsieur Le Moing heureux de faire acte de chrétien toutes les fois que l'occasion lui en était donnée, demanda la permission de de réunir la division pour une messe militaire. Elle lui fut ac-accordée, et quinze mille soldats ayant devant eux l'exemple de deux généraux agenouillés, purent demander à Dieu de les bénir et de les protéger dans cette rude campagne où ils allaient être si cruellement éprouvés. En effet l'ère des combats et des désastres, alors que la fortune semblait devoir sourire, allait commencer avec l'hiver. On était à la fin de Novembre, les pluies torrentielles devenaient assez fréquentes et les marches plus difficiles ; et cependant l'ordre de marcher en avant arriva. Poussant vers le nord on croyait prendre la route de Paris, lorsqu'on s'aperçut du mouvement tournant de l'armée prussienne. Il fallut donc revenir sur ses pas, Monsieur Le Moing chargé de protéger avec son bataillon un convoi de quatre cents chariots pleins des approvisionnements de l'armée, eut des heures difficiles à traverser. On était à peu de distance des Prussiens, les pluies rendaient lente la marche du convoi, et à un jour donné, le voilà séparé en deux. Un soir à cinq heures on vient annoncer que plusieurs charrettes s'étant enfoncées dans une fondrière en pleine forêt, la série des chariots qui suivait demeurait immobilisée. Que de travail il fallut pour relever ce qui était embourbé, pour remettre en état pour le transit des voitures qui restaient en arrière ce passage dangereux.... On en eut de ce travail jusqu'à une heure assez avancée de la nuit : à la suite de ces fatigues on annonce l'ennemi à Chilleurs. Une armée de trente ou quarante mille hommes protégés par cent quarante canons vient tout-à-coup tomber sur une division de neuf mille

hommes, n'ayant pour toute artillerie que dix-huit canons.
A cette affaire, disent plusieurs témoins de divers grades et
de diverses armes, Monsieur Le Moing toujours le premier
aux points les plus exposés, se battit avec une valeur antique,
et donna sans ostentation les marques du plus grand courage
sans s'occuper des balles qui avaient labouré son vêtement.
La division écrasée par une artillerie si considérable se battit
vaillamment pendant quatre heures contre un ennemi trois
fois plus nombreux. Enfin écrasée par le nombre, elle se
replia sur Orléans d'où de nouvelles attaques la forcèrent à
battre en retraite après une défense mal dirigée. Le désordre
de cette retraite opérée de nuit dans la neige, ou l'on était
sans direction, sans généraux pour donner des ordres, ressem-
blait à celle d'un troupeau débandé fuyant la fureur des loups,
et heureusement les loups ne continuèrent pas la poursuite.
A partir de cette déplorable défaite, la neige qui pendant tout
ce triste mois de décembre interrompit les grands faits de
guerre pour ne laisser place qu'à des escarmouches entre
Bourges et Orléans, mit dans un état cruel une armée dis-
loquée qui avait même perdu dans la déroute ses effets de
campement. Il fallut donc par des nuits glacées et par la
neige camper à ciel découvert et quelquefois exténués de
fatigues après des étapes de vingt-deux heures quand on ne
trouvait pas de lieux habités dans ces grandes pleines du
Berry. Et les lieux qui pouvaient fournir un abri étaient-ils
d'ailleurs toujours une espérance d'hospitalité fraternelle? On
pourra en juger par le fait suivant.

Un jour, la veille de Noël, le régiment de zouaves arrive
dans le voisinage d'un beau château, chez un meunier qui
avait de vastes édifices pour son exploitation. Chacun veut
réchauffer ses membres congelés. Au bout de quelque temps
l'avare meunier craint de dépenser son bois et veut éteindre
le feu. Au terme de règlements le commandant Le Moing
entendant du bruit et une dispute, intervient et dit au fer-

mier qu'il est obligé, ne serait-ce que par humanité, de chauffer ses malheureux soldats. Le meunier, le chapeau sur la tête, lui répond sans se découvrir d'une façon fort insolente. Le commandant cédant à sa vivacité fait voltiger le chapeau de l'insolent, lui disant d'être plus poli. Le fermier irrité se rend au château où logeaient deux généraux, pour se plaindre au châtelain et lui dire faussement qu'il a été frappé par un commandant. Sur la demande du maître qui prend fait et cause pour son tenancier, le commandant est appelé à la barre par le général Durrieu ; tout s'explique, et le général le remercie avec courtoisie de ses explications. Monsieur Le Moing exprime, en retournant, son indignation au meunier pour son mensonge, lui dit qu'il ne veut pas reposer sous le toit d'un homme si inhumain, et passe la nuit promenant dehors sur la neige, jusqu'à l'heure du départ. Cette nuit de Noël si tristement écoulée, fut suivie pour lui à peu de jours delà d'un changement de position qui ne lui fit pas regretter le Berry dont il allait s'éloigner pour toujours.

IX.

Le 29 décembre on annonça au commandant de zouaves qu'il était lieutenant-colonel, et on lui dit de faire ses dispositions pour aller prendre le commandement d'un beau régiment de tirailleurs Algériens composé des débris de trois régiments à moitié détruits au début de nos revers dans l'est. C'était encore dans cette région qu'ils étaient destinés à combattre et à souffrir sous les ordres du vaillant et malheureux Bourbaki. Monsieur Le Moing fut rejoindre le 2 janvier ses intrépides Africains, après avoir reçu la veille, la cordiale hospitalité du général Questel son nouveau général de brigade, alors que le journal officiel annonçait sa nomination au 42me régiment de marche qu'il ne vit jamais. Il se mit presqu'immédiatement en route, route pénible et fatigante au milieu des neiges de la Bourgogne et de la Franche-Comté. Aussi sur cette neige glacée ces pauvres habitants du désert engourdis, morfondus, ressemblaient-ils, disait leur colonel, aux marmotes des Alpes jusqu'au moment ou le canon venait les arracher à leur torpeur et les faire bondir comme des chacals. Lorsque le régiment passa à Dijon, il y fut acclamé ; c'était le premier de ceux de France qui y entrait depuis l'invasion qui avait cruellement pesé sur la ville. Mais cet *hosannah* était le prélude des douleurs du calvaire. A Gray, Monsieur Le Moing s'assit chez le maire à la même table qu'un chef de corps-francs, le fameux Bombonnel, le tueur de panthères. Ces intervalles de repos, ces haltes salutaires, touchaient à leur fin. Le 13 et le 14 janvier, sa brigade donna avec élan aux affaires de Ste-Marie et de Présente-Villers. Le succès eut été encore plus décisif, si le général Durieu en arrivant n'eut paralysé par de nouveaux ordres, les sages et intelligentes, dispositions du général Questel son subordonné. Ce brave général dès le 15, tomba malade, et Monsieur Le Moing prit le commandement de la brigade qu'il conduisit au feu pendant les trois jours de la bataille d'Héricourt, et durant les combats qui chaque jour se renouvelèrent jusqu'au 22 janvier où l'on cessa de combattre. Mais que ces jours de commandement et de grande responsabilité furent durs pour le colonel.... Son régiment particulièrement diminuait chaque jour, ces malheureux Africains appelés à combattre sans cesse et sans autre nourriture que du biscuit, (car les vivres ne leur parvenaient plus, les distributions étaient interrompues), ces malheureux disons-nous, exténués par la fatigue et par la faim pouvaient-ils trouver quelque repos sur un lit de glace? Aussi les ambulances devenaient-elles combles, et ceux qui restaient debout étaient des spectres ambulants. Le colonel indépendamment des peines communes, avait de constantes insomnies, il fallait être en garde contre les surprises ; il éprouvait de plus, le vif chagrin de voir souffrir ceux dont il avait charge, sans pouvoir leur apporter de soulagement. Vie pleine d'amertume et de privations ! Chef de corps, il eut pu se donner quelques

adoucissements à ce moment réclamés par sa santé qui s'alté-
rait; il ne voulut pas d'un autre sort que celui de ces
malheureux soldats, et dépensa l'argent qu'il possédait à ce
moment pour diminuer autour de lui, en tant qu'il le put,
les souffrances de la faim dont il était à chaque instant le
témoin désolé. Aussi les derniers coups de canon tirés, son
role terminé, il se traina lui-même à l'ambulance de Besançon;
il y retrouva le brave général Questel, juge fort compétent
en fait de devoir militaire. Arrêtons un instant pour avoir son
opinion sur Monsieur Le Moing dans ses nouvelles fonctions,
voilà ce qu'il écrivait à Monsieur de Miollis à la date 10 juillet.
« J'ignorais votre adresse sans cela je vous aurais écrit. Je
» devais autre chose qu'une simple carte adressée à l'avanture
» à la mémoire de l'homme que j'ai connu si dévoué à ses
» devoirs, à l'officier que j'ai vu si brave au feu.... Lorsque
» ne pouvant plus ni marcher ni monter à cheval, je fus obligé
» de m'arrêter, ce qui me rassurait et me consolait c'était de
» penser que le commandemeut de ma brigage était entre les
» mains d'un homme que je savais être *à la hauteur des*
circonstances, etc. »

L'ennemi approchait de Besançon. Pour ne pas être bloqué
et devenir prisonnier des Prussiens, Monsieur Le Moing
parvint avec peine jusqu'à Pontarlier d'où il fut rejeté par
cette grande houle hmaine d'une armée en dissolution et en
fuite, sur la terre étrangère, dans cette Suisse si hospitalière
où il trouva des soins et de la compassion pour ses misères,
tandis que de l'autre côté de la frontière des Français indignes
de ce nom, volaient ses bagages. A peine reposé, il réunit
ses forces pour traverser dans une course vertigineuse la
Suisse et la Savoie, arriver à Grenoble où il trouve ses amis
de Pélissière. Leur maison lui parut être la maison paternelle.
Les soins de tous les moments donnés par ces dames, véri-
tables sœurs de charité, lui rendirent sa santé et le mirent à
même d'aller après seize jours de repos, à la division à Gre-

noble, faire régulariser sa position. — Sa santé, nous le répétons, il la devait à toutes les prévenances d'une amitié délicate, à ces inventions du cœur que des châtelaines pleines de bonté, savaient appliquer à une maladie dont la cure fut assez prompte, car le moral se trouva mieux quand il put écarter ces images funèbres des champs de bataille, et pour la guérison physique, rien ne lui manqua, rien ne fut oublié. Le général approuva le désir que lui exprima Monsieur Le Moing ; celui-ci avait appris qu'une partie de son régiment avait échappé au cataclysme ; il désirait aller le reconstituer à Antibes. Il en écrivit immédiatement au ministère de la guerre à Bordeaux pour demander l'approbation de son projet. Il lui fut de suite répondu télégraphiquement : rendez-vous immédiatement à Bordeaux. Vous êtes nommé au commandement du 91me de marche, vous recevrez ici des ordres.

Cette injonction suivie du prompt départ du lieutenant-colonel du 91me, le conduisit dans la famille de son oncle le baron de Miollis à Bordeaux. Cette maison fut pour lui un oasis comme avait été celle de Pélissière. Il y trouva de trop courts moments de repos et de bonheur. Il ne fit qu'y poser, et les ordres du ministère le conduisirent au camp de Saint-Médard où étaient réunis trois régiments dont il eut le commandement supérieur. Ce fut dans cette halte de peu de durée qu'il mit tout ses soins à donner un grand esprit de discipline au 91me, nouveau régiment encore en voie de formation. L'instruction de ces jeunes soldats qu'il fallait rapidement former et habituer à la vie militaire occupa la majeure partie de ses moments ainsi que les soins de l'administration. Aussi ces jours de travaux incessants s'écoulèrent-ils rapidement, lorsqu'arriva l'ordre de se mettre immédiatement en wagon pour faire partie de l'armée qui se formait à Versailles pour combattre la Commune.

X.

Ce fut avec un profond sentiment de tristesse qu'il partit pour prendre part, sous les yeux des Prussiens, à cette guerre désolante qui allait se faire contre des Français dans l'égarement. Après un court repos au château du célèbre éditeur *Delalain*, le matin du 3 avril Monsieur Le Moing monte à cheval pour commander encore sa brigade en l'absence du général, et quelques heures après, il participait au premier combat livré aux *Communeux* par la division Faron entre Sèvres et Meudon. Il avait sous ses ordres le 90me et le 91me. Ces jeunes troupes montrèrent de la bonne volonté et de la résolution. — A partir de ce jour il prit avec le 91me ses quartiers à St-Cloud, les escarmouches étaient journalières. Sa mission consistait à défendre le pont de St-Cloud et à protéger les bords du fleuve contre toute surprise. Il était tout à ce devoir quand un samedi lui arrive une invitation de venir dîner à Versailles, à la table du chef du pouvoire exécutif. A ce dîner M. Thiers parut préoccupé, parla assez peu, et fut appelé dans son cabinet à dix heures pour un entretien avec le maréchal Mac–Mahon. Monsieur Le Moing se retira. Retournant chez lui il fut fort étonné de trouver sur pied à Ville-d'Avray l'état-major du maréchal, et plus étonné encore lorsqu'à St-Cloud ce fut son régiment qu'il rencontra en armes faisant des dispositions de départ. Il attendait un dernier ordre qui n'arriva pas, et à deux heures du matin chacun dut aller se coucher. On touchait cependant à la crise finale. Un siége en règle commença, le 91me prit ses positions à Boulogne. Les travaux d'approche furent assez rapidement conduits grâce aux batteries de Montretout; les lignes se rapprochaient des remparts. Le 20 mai le 91me était près du Point-du-Jour, à la villa de la Marre, dans le voisinage du Bastion, 65. Monsieur Le Moing ce jour là plein d'entrain, de confiance et de bonne humeur, alla aux avant-postes pour voir si tout

marchait régulièrement. A ce moment une des rares boîtes de mitraille lancées par les insurgés vient tomber à cinq pas de lui, il s'en échappe un biscaïen qui lui traverse la cuisse au-dessus du genou et lui déchire l'articulation. Au moment de sa chute, les opérations sont interrompues, officiers et soldats l'entourent pour lui prêter secours, et prendre part à son malheur. Voyant les regrets de ses compagnons d'armes, il leur exprime aussi les siens : « Mes amis, leur dit-il, j'étais
» depuis près de deux mois le témoin de votre bravoure et
» de vos bons services, c'eut été pour moi un bonheur de
» les faire ressortir et de solliciter des récompenses pour
» ceux qui les ont méritées, mon successeur ne les connaîtra
» pas, et ne pourra faire pour vous tout ce que j'eusse désiré
» faire moi-même. »

Ce fut à l'ambulance du château de Ville-d'Avray qu'il fut transporté le samedi soir. Le dimanche matin douze officiers entouraient son lit de douleur. Parmi eux se trouvait le capitaine Le Flô, officier d'ordonnance du ministre de la guerre. S'adressant à lui : « Pourvu, dit-il, que ma position me soit conservée ? . . . » A ce moment encore il ne pouvait croire à la gravité de sa blessure. Quelque temps après arrive le célèbre Ricord avec d'autres chirurgiens pour examiner le membre blessé, et après une courte consultation ils rentrent pour annoncer au malade que l'amputation de la cuisse est jugée nécessaire. Il accepte cette décision avec courage, une grande résignation et une philosophie chrétienne si touchante que les officiers qui l'entourent en sont profondément remués, et que plusieurs ne peuvent retenir leurs larmes. Se retournant vers les médecins : Messieurs, leur dit-il, je demande un prêtre et deux heures pour remplir mes devoirs de chrétien; ensuite je me mets à votre disposition.

Peu après cette cruelle opération subie avec une grande énergie, le ministre de la guerre arrive avec son fils lui apporter des paroles de consolation et des marques de sympathie.... C'est bien malheureux, mon général! lui dit-il, mais c'est pour Dieu et ma patrie que j'eusse voulu servir jusqu'au bout.... En effet n'était-ce pas pour Dieu que souffrait ce vaillant soldat tombé en allant défendre les églises menacées, les autels profanés, les prêtres, emprisonnés, et plus tard massacrés? Le ministre attendri l'embrasse, et lui annonce qu'il est nommé colonel.... Il paraît heureux de cette marque de haute estime, et cependant il ne peut s'empêcher de dire en soupirant : mais mon pauvre régiment que j'aimais tant!... Le ministre par une délicate attention qui l'honore, faisait annoncer deux jours après au journal officiel que le lieutenant-colonel Le Moing était nommé colonel du 91me. Inanité des biens et des honneurs de ce monde!... Ce grade auquel il avait longtemps aspiré, il ne le posséda que trois ou quatre jours au lit, au milieu de douleurs cuisantes qui devaient se terminer par la mort. Achevons notre tache par le récit d'une fin douloureuse mais consolante, car il répétait au milieu de ses souffrances : j'ai du moins la satisfaction du devoir accompli, oui! je puis me rendre ce témoignage : j'ai fait mon devoir.... Que de personnes voudraient à la fin de leur existence pouvoir se rendre le même témoignage.

A la nouvelle du malheur qui lui fut annoncé, Madame Le Moing qui ne croyait pas à une blessure de cette gravité, partit aussitôt, et le lendemain matin guidée par le fidèle ami de sa maison M. de Gombert, elle arriva à l'ambulance où était son mari. Ce fut au château de Ville-d'Avray qu'elle apprit en entrant de la bouche d'un prêtre qui ne la savait pas femme du colonel, qu'il avait été amputé la veille. Il lui fallut renfermer dans son cœur cette affreuse douleur, pour ne pas trop émotionner le malade en allant près de lui; — et lui, par un sentiment analogue, dit à sa femme en l'embrassant : Eh bien ! me voilà colonel !... Et il ajouta plus tard en parlant de son beau-frère Ritter, lieutenant-colonel de cavalerie : voilà que j'ai dépassé Ritter, mais d'une façon que je ne lui souhaite pas. On va réconstituer l'armée, Ritter est un excellent officier, il arrivera aussi sans trop tarder et par une voie moins douloureuse.

Pour faire diversion à ses souffrances, il aimait à se livrer à des rêves d'avenir, à penser aux futures jouissances de la famille. « Voila, disait-il, quarante-trois ans que je suis au mond, je m'y suis toujours trouvé heureux, et j'espère bien que ce n'est pas fini. » Quand il y avait une légère amélioration dans son état, il pensait aux autres malades de l'ambulance. Ainsi il envoie sa femme porter un jour des fraises nouvelles qu'il venait de recevoir de Bretagne, avec des cigares à trois pauvres amputés qui quittaient leur lit pour la première fois. Puis il l'envoie de nouveau à un malheureux commandant porté dans la chambre voisine et dont il entendait les gémissements douloureux. Cet officier avait eu l'aisselle traversée d'une balle; un pansement lui était nécessaire, car l'appareil s'était dérangé, Mᵐᵉ Le Moing put le soulager et lui donner un peu de calme en lui annonçant que les médecins ne voyaient pas la nécessité de l'amputer. Cependant l'état du colonel qui avait paru satisfaisant au début, s'aggravait. La fin, sans qu'on put s'en douter encore, approchait et la pensée religieuse qui l'avait si bien soutenu jusqu'alors, prit plus de force et s'accusa davantage. Il avait un ardent désir de s'unir à son Dieu dans le sacrement de l'eucharistie. Un prêtre est appelé, « j'ai un vif désir de communier, lui dit-il. » — Mais il faut avant vous confesser? reprit l'ecclésiastique. — Me confesser? mais pourquoi me confesser? Vous savez que j'ai rempli il y a quelques jours ce devoir avant d'être amputé! depuis qu'ai-je pu faire de mal? Vous me voyez ici au lit, immobile. Peut-être ai-je quelquefois été en vivacité quand ma tisane n'arrivait pas assez vite. Et avec cette foi vive et naïve du soldat, qu'on eut retrouvée chez le sire de Joinville, au temps de St-Louis, il ajouta : allons! donnez-moi l'absolution et que tout soit dit. Ses pieux désirs ne purent avoir leur accomplissement. Lorsque le prêtre revint, le pauvre colonel avait passé des bras de sa femme dans ceux du bon Dieu.

Après sa mort on trouva dans ses vêtements une Imitation de Jésus-Christ et un chapelet qui ne l'avaient pas quitté pendant la dernière campagne.

Bien heureux ceux qui meurent dans le Seigneur.

Les compatriotes du colonel Le Moing reçurent avec respect les cendres de ce vaillant homme. Ses funérailles eurent un caractère très-solemnel. Six semaines après le 91me, que des nécessités de service avait dispersé, s'étant trouvé réuni à Meudon, fidèle à la mémoire de son colonel, fit célébrer dans l'église de Bellevue un service pour le repos de son âme.

Sur sa tombe on lit après ses nom et prénoms ces quelques mots qu'il adressa au ministre de la guerre :

« Je souffre pour Dieu et ma Patrie que j'eusse voulu servir jusqu'au bout!... »

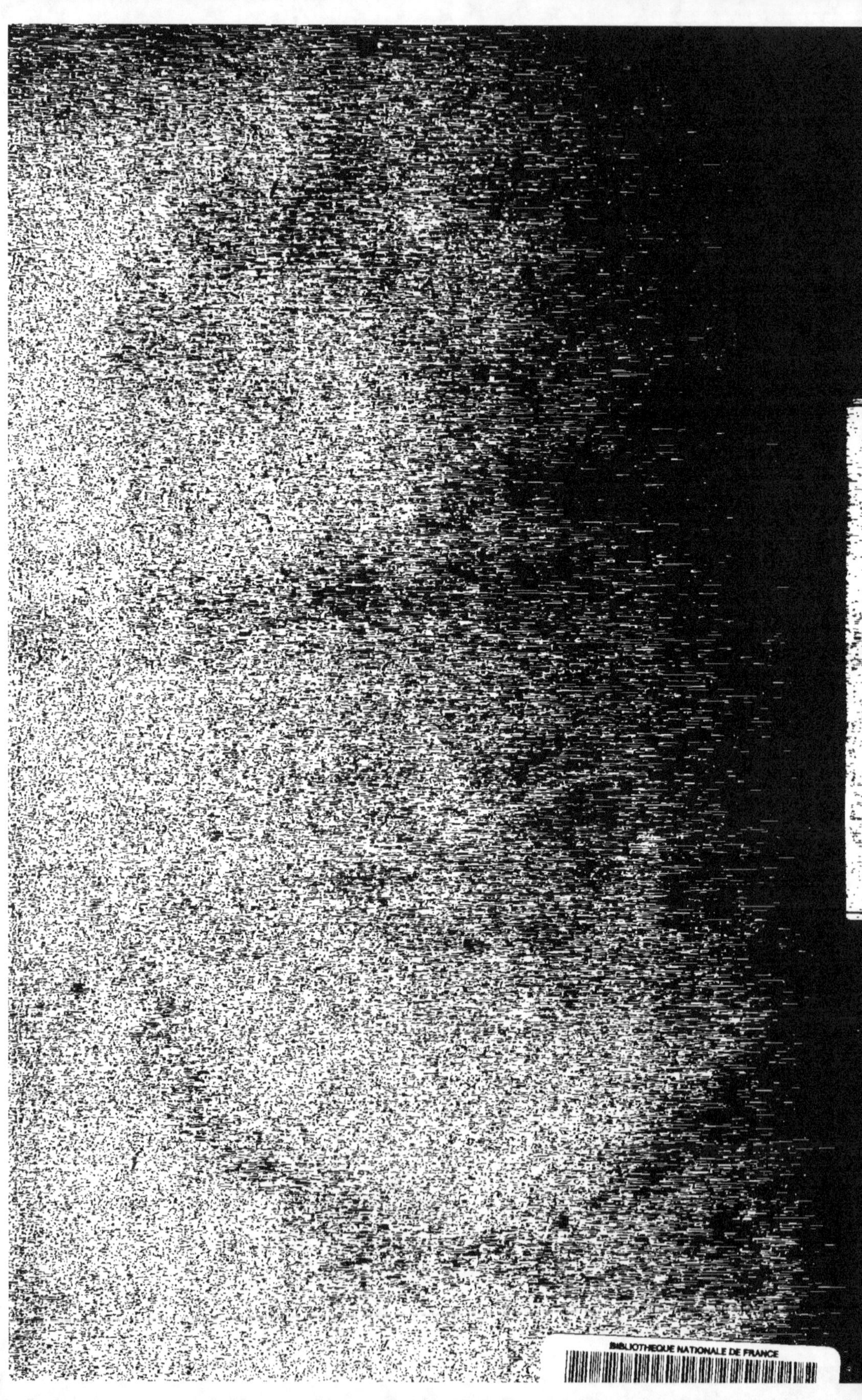

www.ingramcontent.com/pod-product-compliance
Lightning Source LLC
Chambersburg PA
CBHW061116050726
47594CB00005B/1957